Seelenbuch Verlag

Danksagung

Mein Dank gehört Dir!

BETTINA GRONOW

AN 365 TAGEN

Greife nach den Sternen am Himmel
anstatt nach den Steinen am Boden.

DEIN TAGESBEGLEITER

Seelenbuch Verlag

© von Anbeginn bis 2024 - Seelenbuch Verlag

Herausgeberin	Bettina Gronow
Autorin	Bettina Gronow
Covergestaltung	Nathalie Geiger
Coverbild	Bettina Gronow
Autorenfoto	Detlef Postler
Layout & Satz	Alexa Zwölfer
Korrektorat	Sybille Weingrill
Druck	Libri Plureos GmbH

2. Auflage

ISBN: 978-3-910337-47-3

All meinem Wirken und Sein gebe ich die Zutaten
der Liebe,
der Schönheit,
der Vollkommenheit und
der Vollendung hinzu.

BoD kümmert sich nach bestem Wissen und Gewissen darum,
dass dieses Buch zu dir gelangt. Viele pflichtbewusste Aufgaben
liegen in den Händen von BoD. Besten Dank dafür!

Natürlich befindet sich dieses Buch auch in der
Deutschen Bibliothek und wird dort für die Nachwelt aufbewahrt.
Hier wirst du fündig: https://www.dnb.de

Druck: Libri Plureos GmbH, Friedensallee 273, 22763 Hamburg

Inhalt

Dein Buch

Der Anfang ist geschrieben!
Jetzt tauchst du ein in dieses Buch, welches nun
dir, dir ganz allein gehört.
Dies ist ein Buch, welches du umformen,
ergänzen, gestalten, umschreiben, „abschreiben",
neu schreiben, kommentieren, verschönern
oder einfach nur lesen kannst.

Es gibt viele weiße Flächen, die nicht weiß
bleiben brauchen. Frei nach dem Motto:
Color your life – Färbe dein Leben bunt.
Oder: Färbe dieses Buch bunt.

Damit wir uns alle leichter angesprochen fühlen,
habe ich mich für die Du- und Wir-Form
entschieden.

Januar

1. Januar

Höre und fühle die Fülle der Wörter, die dir begegnen.

- 10 -

2. Januar

Deine Seele zeigt dir, was sie für ihr Dasein braucht.

Egal, welche Stimmung dir deine Laune heute
präsentieren mag, du bist schlauer als sie, denn
du kannst lächeln.

Wachse, gedeihe und schöpfe dein Potenzial voll aus.

5. Januar

Hier stehst du nun; doch wo wirst du einst stehen …?

- 12 -

6. Januar

Du erschaffst dir deine eigene Realität,
ob in bunter Farbe oder in Schwarzweiß.

7. Januar

Wir alle sind miteinander verbunden, und was wir anderen antun, tun wir uns selbst an. Und was uns andere antun, fügen sie sich selbst zu.

8. Januar

Verändere dich so,
dass du und deine innere Stimme eins seid.

9. Januar

Klärende Begegnungen befriedigen deine Seele.

10. Januar

Fleisch und Blut machen dein lebendiges Herz aus
und nicht Kälte und Gleichgültigkeit.

11. Januar

Wünsche, die von deinem Herzen kommen,
solltest du festhalten und du solltest an sie glauben
– damit sie Realität werden können.

12. Januar

Sei gerecht zu dir und zu der Welt, dann kann sich
deine Kraft am besten entfalten.

13. Januar

Glaube an dich,
besonders in den engen Gassen des Lebens.

14. Januar

Du trägst deine Schuld und Verantwortung in dir
selbst. Befreien kannst du dich jedoch nur von deiner
Schuld – nicht aber von deiner Verantwortung.

15. Januar

Du wirst gesehen! All das, was du tust,
bleibt nie unentdeckt.

16. Januar

Geh mit einem Menschen deinen Weg
und du wirst es nicht bereuen.

Deine Hände werden leer sein, wenn du nicht beginnst,
an dich und an das Gute zu glauben.

Je nach Jahreszeit bläst der Wind stärker oder schwächer
– doch dein Weg kann derselbe bleiben.

19. Januar

Betrügst du das Leben, betrügst du dich und deinen Wert.

20. Januar

Es gibt immer eine helfende Hand links oder rechts von dir, du musst nur nach ihr fragen und sie annehmen.

Dankbarkeit sollte dich immer umspülen,
wie das Wasser einen Felsen in der Brandung.

22. Januar

Teile deine Gedanken und deine Gefühle mit der Welt,
die dich umgibt, und zeige, wer du wirklich bist.

23. Januar

Sorgen und Probleme erdrücken uns Menschen,
doch gegenseitige freundliche Wörter – die von Herzen
kommen – erleichtern vieles.

24. Januar

Demut lässt dich die schönen Dinge des Lebens sehen
und sie wertschätzen.

Dein Leben ist bereit und wartet auf dich!

- 22 -

Wende dich und werde heiter und befreit.

27. Januar

Das Geistliche in dir kann dich mehr unterstützen,
als du annimmst.

28. Januar

Am Anfang war es die Angst, die sich bei dir meldete,
und am Schluss kann daraus Vertrauen und Zuversicht
werden.

29. Januar

Indem wir uns zusammentun,
erhöhen wir unser Potenzial.

30. Januar

Frieden ist kein Wunschwort, sondern eine Einstellung.

Lass dich nicht vom Leben verformen.

- 25 -

Februar

1. Februar

Sei stark und mutig.

2. Februar

Wir alle tragen die Rechnungen für unser Handeln
immer bei uns.

Die Dinge passieren genau so in deinem Leben,
wie sie einst – lange vor uns – aufgereiht wurden.

Dein Hauptwerk ist dein Leben.

5. Februar

Das Leben fängt dann an, interessant zu werden, wenn
dir deine Fehler bewusst werden.

6. Februar

Bau auf! Auf das, was schon vorhanden ist, denn es ist
nach oben hin viel Luft.

Verlass dich auf dein Herz
und nicht auf deinen Verstand.

Danke sagen – zu jeder Zeit – ist der Wert deines Selbst.

9. Februar

Wenn du vertraust,
dann wirst du jeden Tag das erhalten, was nötig ist.

10. Februar

Noch früh – bevor die Sonne aufwacht – beginnt dein
Tag, wenn du mehr erreichen willst.

11. Februar

Warte ab und werde ruhig. Dann meldet sich deine
Seele von selbst.

12. Februar

Was immer du werden möchtest, werde es.

13. Februar

Du bist ein Licht dieser Welt.
Bringe dich zum Leuchten.

14. Februar

Konzentriere, ordne und minimiere dich
auf einen Punkt und du wirst Erfolg haben.

15. Februar

Gutes und Schlechtes gehört zum Leben – wie Wasser
und Feuer zur Erde.

16. Februar

Deine Gedanken sind nicht meine Gedanken,
dennoch treffen wir uns immer wieder.

Was wäre, wenn das, was du suchst,
schon längst in dir weilt?

Bevor du dich anderen hingibst,
gib dich dir selbst – vollkommen – hin.

19. Februar

Die kämpferische Seite in dir
sollte am Ende des Tages siegen.

20. Februar

Schäme dich nicht für dein Tun,
wenn du deinen Werten treu geblieben bist.

21. Februar

Die Zeit dreht sich immer schneller,
daher ist der Moment umso bedeutender.

22. Februar

Wir alle sind mehr als nur wandelnde Schatten
durch verschiedene Zeiten!

23. Februar

Folge deiner Seele und du folgst deiner Schönheit.

- 38 -

24. Februar

Nimm nichts von dir, was anderen Freude bereiten
kann.

Du kannst deine Gedanken nicht verbergen,
denn sie zeichnen dein Gesicht.

Deinen Beitrag zu leisten, egal, wie klein er auch sein
mag, kann eine große Tat sein.

Erst wenn du am Ende angekommen bist,
solltest du deine Richtung wechseln.

Das Leben selbst hat Humor,
auch wenn wir ihn nicht immer gleich verstehen.

Wenn du dich selbst zurechtweist, kann das für dich nur recht sein.

März

1. März

Es gibt persönliche Einstellungen,
da kannst du ruhig standfest bleiben.

2. März

Deine Füße und dein Glaube tragen dich überallhin.

3. März

Gerechtigkeit zu verwirklichen,
ohne dabei ungerecht zu werden – geht das?

4. März

Werde selbst zur Hoffnung, anstatt punktuell zu hoffen.

5. März

Nichts, was du tust, ist umsonst! Und alles, was du für
dein Heranreifen unternimmst, ist doppelt so viel wert.

6. März

Lehn dich an, und lass dich fallen,
so tief du nur kannst.

Denen, die dich erschaffen haben, gebührt der Respekt.

Habe Geduld mit dir selbst und mit der Welt.

9. März

All das Neue in dir wird Bestand haben,
sobald es auf festem Boden angekommen ist.

10. März

Breite Treue in dir aus, sodass Ruhe einkehren kann.

11. März

Wenn es in dir drinnen hell wird, du zu leuchten
beginnst, kann dieses Licht anderen helfen.

12. März

Du solltest dich immer wieder daran erinnern lassen,
was dich größer werden lässt.

13. März

Du kannst um alles bitten, doch ohne ein Handeln
dauert die Erfüllung meist eine Ewigkeit.

14. März

Deine Beziehungen spiegeln das wider,
was du bereit bist, zu geben.

15. März

Fliege wie ein Adler über dein Leben
und genieße die Perspektiven.

16. März

Im Raum der Zeit darf es auch einen Platz
für deine Seele geben.

Deine innere Schönheit ist nicht das,
was du in einem Spiegel sehen kannst.

Der zu Boden fallende Regen
reinigt deinen Geist und nährt dein Leben.

Die Blicke mögen sich an manchen Tagen schief und schwer anfühlen, doch deine innere Flamme werden sie nicht erlöschen.

20. März

Was auch immer zu fehlen scheint, es ist schon bei dir.

Nimm deine Hand und führe dich durch dein Leben.

- 53 -

Was wir haben, gehört uns nicht, wir sind nur Behüter
von den Dingen.

23. März

Je mehr du handelst, desto mehr lebst du.

24. März

Angesichts dessen, was wir Menschen tun und getan
haben, sollten wir nicht die Augen verschließen,
sondern wachsam sein.

Die Hoffnung liegt am Horizont und wartet auf dich.

Unterstützung ist die leichteste Form,
um gemeinsam weiterzukommen.

Dein inneres Licht zeigt dir deinen Weg.

- 56 -

Wir leben,
und das sollten wir nie aus den Augen verlieren.

Orte der Ruhe und der Einfachheit sind da,
wenn du sie finden willst.

Wenn du deine Hände und deinen Kopf verwendest,
brauchst du dich nicht zu schämen.

Tu nur das, was gut ist.

April

In der Stille können wir uns erkennen.

Wer ist dein Richter,
dein Gesetzgeber und wer dein König?

Ein neues Samenkorn zu sähen, zu bewässern und mit
anzusehen, was sich daraus entwickelt, ist eine wahre
Lebensfreude.

Du lebst! Genieße und feiere mit Freude dein Leben
und deine Lebendigkeit.

5. April

Immer gleiche unangenehme Reaktionen in immer
gleichen Situationen sind verdächtig.

6. April

Friede ist der Sieg über alles!

7. April

Achtest du auf deine Seele, achtest du dich selbst.

8. April

… und wir teilten alles, was wir besitzen, denn uns
gehört nichts.

Deinen Kopf über Wasser zu halten, kann mitunter
eine ordentliche sportliche Herausforderung sein.

Die Wärme der Liebe ist tausendmal schöner
als die Wärme der Sonne.

Wenn sich der Himmel über uns zusammenbraut,
ist es höchste Zeit für ein Umdenken.

Solange du dein Lebenswerk verfolgst,
wirst du niemals allein sein.

13. April

Die Farbe Rot im Leben gibt uns am meisten zum
Spekulieren auf.

14. April

Lass dich von der Ruhe und Einfachheit wachküssen,
wenn es noch dunkel um dich herum ist.

15. April

Werde mutig, tapfer und hoffnungsvoll
und dann bleibe es.

16. April

Konzentrierst du dich auf zu viele Dinge,
verblasst das eigentlich Wichtige.

17. April

Wenn sich dein Körper zu Wort meldet,
solltest du dich mit ihm unterhalten.

18. April

Unterstützung und Hilfe sind überall vorhanden,
wichtig ist, dass sie von Herzen kommen.

19. April

Du behältst die Verantwortung für deine Taten.

- 69 -

20. April

Wenn du glaubst, du bist angekommen,
öffnet sich sogleich eine weitere Tür.

21. April

Dein Leben mag Herausforderung
und keine Langeweile.

22. April

Dunkle Flecken sind die Nahrung für dein Erblühen.

In jedem von uns steckt ein Samenkorn,
der sich wunderschön entwickeln kann.

Einen Schritt zurückzugehen muss kein Rückschritt
sein. Ein Schritt nach vorne kein Fortschritt.

25. April
____

Stress ist magisch und hat Tausende Gesichter.

26. April
____

Wir sind eins und wir werden es immer bleiben.

27. April

Das Leben möchte, dass du weise handelst.

28. April

Wenn Schmerzen vergehen, wissen wir erst wieder,
wie gut es uns sonst so geht.

In deiner Berufung findest du dein Glück, hier und jetzt sein zu dürfen.

In der Stille können wir uns erkennen.

Mai

1. Mai

Wenn du immer die gleichen Kreise drehst,
wirst du schwer andere Kreise entdecken.

2. Mai

… ab in die Vergangenheit und schnell
alles eingesammelt, was dort geblieben ist …

Was wir machen und nicht machen,
hängt nicht nur von uns ab.

Für alles in deinem Leben gibt es eine richtige Zeit.

5. Mai

Jeder zurückgelegte Kilometer in deinem Leben
verändert dich.

6. Mai

Wenn du nicht startest, wirst du nie sehen,
wo du ankommen könntest.

Wann lebst du dein Leben?

Das, was nicht zu deinem Wesen gehört,
gehört aussortiert.

9. Mai

Vertrauen – ist eine Kunst des Lebens, die nicht immer leicht zu kreieren ist.

10. Mai

Wo sich zwei Seelen verbinden, entsteht Liebe.

11. Mai

Unter einer guten Kommunikation versteht jeder etwas anderes, doch wir sind uns alle einig, dass sie offen und liebevoll sein soll.

12. Mai

Deine Liebe kann dich vor allem beschützen.

13. Mai

Die Zeit ist zu schade, um sich immer mit zehn Sachen gleichzeitig zu beschäftigen.

14. Mai

Wenn sich Einfachheit und Freude kreuzen,
dann ist es der richtige Weg.

All die schönen Bilder in deinem Kopf kann dir
niemand mehr nehmen.

Niederlagen gibt es nicht, nur ein Leben, das etwas
anderes für dich geplant hat.

17. Mai

Wenn deine Seele zu dir spricht, lohnt es sich,
alles andere liegen zu lassen.

18. Mai

Du kannst an jedem Tag in deinem Leben
deine Schönheit sehen.

19. Mai

Wenn die Welle des Lebens dich erwischt,
reinigt und klärt sie dich zugleich.

20. Mai

Indem wir uns zusammentun,
erhöhen wir unser Potenzial.

Nichts kannst du festhalten,
denn alles und jeder ist frei.

Verdirb dir deinen reinen Charakter nicht
durch das Leben.

Wir können uns verbiegen, wir können uns
vollkommen von uns selbst entfernen,
doch helfen wird uns das nicht viel.

Am Morgen wählt jeder seine ganz persönliche
Einstellung für den Tag.

25. Mai

Nichts von dem ist neu,
nur deine Ohren waren noch verschlossen.

26. Mai

Unser Geist ist die Hochburg
unserer eigenen Schöpfung.

Lass dich inspirieren vom Leben, es ist bunt genug.

Lass deine rechte Hand frei, damit du mit ihr Hilfe annehmen kannst, wenn sie dir angeboten wird.

Lausche geduldig und munter,
was das Leben dir sagen möchte.

Ein besseres Resultat setzt nicht selten
ein besseres Handeln voraus.

Durch dich hindurch fließen geschenkte Kräfte.

Juni

Auch wenn deine Zeit vergehen mag,
so bleibt doch dein innerer Kern erhalten.

Wenn du bei dir selbst ankommst,
wird aus Wut Harmonie.

3. Juni

Alles und nichts zu wollen,
passt nicht immer zusammen.

4. Juni

Ein einfacher Perspektivenwechsel sorgt oft für eine
schöne Aussicht.

5. Juni

Durch dein Leben zu reisen ist das eine,
etwas anderes ist es, es zu zweit zu durchqueren.

6. Juni

Nur wenn du alles gibst, kannst du das Gefühl haben,
dass es genug war.

7. Juni

Solange du lebendig bleibst,
kann es kein Ende von etwas geben.

8. Juni

Die Unschuld gibt es in uns meist nur
zu fünfzig Prozent.

Jeder Tag ist eine Reise zu dir selbst wert.

- 97 -

10. Juni

Dein Herz spricht, nicht dein Mund.

11. Juni

Das, was du tust, ist gut,
doch wie du es tust, ist wichtiger.

12. Juni

Wenn du nicht anfängst, kannst du nicht besser werden.

13. Juni

Wenn du dich veränderst,
wirst du zu einem neuen Menschen.

14. Juni

Ein neues Leben deckt viele neue Fragen auf.

Deine Seele ist dein mächtigstes Werkzeug.

Es passiert oft nichts,
dafür aber umso mehr in unseren Köpfen.

Alles, was du von deiner Persönlichkeit abgibst,
wird sich vermehren.

Schaue nicht nach links und rechts und suche das
Schlechte, sondern strecke deine Hand aus und hilf.

19. Juni

Das Leben kennt keine Langeweile,
wenn du es mit deiner Berufung füllst.

20. Juni

Könnten wir hören, fühlen und sehen,
könnten wir im Einklang mit uns selbst leben.

21. Juni

Ein schützender Mantel
liegt unsichtbar über deinem Geist.

22. Juni

Fang dir die wunderbaren Momente der Natur ein,
denn sie sind unbezahlbar.

Wenn wir uns gegenseitig beschützen,
bewahren wir uns – unser Selbst.

Färbe dein Leben bunt – Color your Life.

Dein Mut soll dir stets ein sehr guter Freund
und Begleiter sein.

Wenn du dort bist, wo du sein solltest,
dann bleibt in dir nichts unerfüllt.

27. Juni

Deine Seele schenkt dir Vertrauen und Hoffnung.

28. Juni

Das unendliche Wissen dieser Welt ist in dir vereint.

29. Juni

Die Süße des Lebens besteht nicht aus Zucker.

30. Juni

Es ist vielleicht ein großer Trugschluss, wenn wir sagen, wir wüssten, was Liebe ist.

Juli

1. Juli

Ziehen wir Bilanz und aktualisieren wir uns neu.

2. Juli

Fortschritte jeglicher Art sind sehr belebend
und sie lassen die Mühen verblassen.

3. *Juli*

Wenn wir die Menschen so lassen, wie sie sind,
werden sie sich dennoch weiterentwickeln.

4. *Juni*

Jede Krankheit kann eine Geschichte erzählen. Wenn
wir ihr zuhören, werden wir sie schneller verstehen.

5. Juli

Wer und was uns umgibt, verändert uns.

6. Juli

Wenn wir stehen bleiben,
werden andere unsere Träume leben.

Nicht nur das Leben ist ein Geschenk,
sondern auch jede einzelne Sekunde.

Wenn eine Person dein Leben kreuzt, überlege nicht
zu lange, was diese Person für dich tun kann, denn sie
könnte schon längst weitergegangen sein.

9. Juli

Ein sehr guter Freund, der dich dein ganzes
Leben begleitet, nennt sich „Lernen".

10. Juli

Freude ist, wenn sich das Gesicht entspannt und
anfängt, mit einem Lächeln zu strahlen.

Wer spricht, sollte sich auch selbst einmal zuhören.

Lege ab, was nicht gut für dich ist, und beginne neu.

13. Juli

Vertrauen ist wohl mit eines der größten Wörter,
die es gibt, gefolgt von Glaube und Liebe.

14. Juli

Die Seele spielt die Musik deines Herzens.

Verschaffen wir uns Klarheit
im Dschungel unseres Kopfes.

Nicht zu wissen, was morgen ist,
kann Vertrauen im Leben schaffen.

Die Wahrheit schwimmt an der Oberfläche.

Die Angst darf ihren Platz im Leben haben,
nur ausbreiten darf sie sich nicht.

Im Hier und Jetzt zu leben ist die Kunst der Gegenwart.

Am Abend wird in dir wieder das zusammengefügt,
was dir über den Tag verloren ging.

21. Juli

Alles ist veränderbar,
auch wenn wir es nicht glauben wollen.

22. Juli

Nur selten tritt jemand grundlos in dein Leben.
Den Grund dafür zu kennen ist ein Glückstreffer.

23. Juli

Einmal deine Richtung gewechselt
und schon sieht dein Leben um einiges anders aus.

24. Juli

Inspirationen sind wie Wegweiser am Straßenrand,
die deinen Richtungswechsel anzeigen.

Die Liebe unter den Menschen
ist der größte und wichtigste Fortschritt.

Die Schönheit in jedem Detail deines Lebens
ist eine Macht, welche unendlich ist.

27. Juli

Erleichterung kann dir vieles verschaffen,
Naheliegendes solltest du dabei zuerst ausprobieren.

28. Juli

Bleib dir ein treuer Freund,
nach deinen Regeln des Lebens.

29. Juli

Wir sehen sehr lange nur das, was wir sehen wollen,
und nicht, was vor unseren Augen ist.

30. Juli

Die Wurzeln des Lebens
erschließen dir deinen Untergrund, der dich festhält.

Von allem und für alles
gibt es ein passendes Gegenstück, das es zu finden gilt.

August

Wenn du dir richtig viel leisten willst,
dann leiste dir nur das Wichtigste.

Was dich im Inneren bewegt,
sollte den Weg nach draußen finden.

Gleichgültigkeit ist ein negativer Trugschluss.

Der Fortschritt ist der wichtigste Schritt im Leben.

5. August

Steine sind dazu da, sie aus dem Weg zu räumen
oder über sie hinwegzufliegen.

6. August

Trage deine Schönheit in deinem Herzen.

Jeder spricht seine eigene Sprache.

- 129 -

Wieder bei null anzufangen erweitert durchaus deinen Horizont.

Der Reichtum deiner Seele ist unendlich kostbar.

- 130 -

Kritik an Menschen ist schwer begründbar.

Der Reichtum deiner Seele ist unendlich kostbar.

Wer Zuflucht sucht, wird sie finden.

Es gibt Dinge im Leben, die hast du zu erledigen,
und wenn nicht, dann bekommst du sie so lange
vor die Füße gelegt, bis du sie aufhebst.

13. August

Wenn der erste Stein ins Rollen kommt,
gleiten die anderen einfach mit.

14. August

Leere entsteht dort, wo Plätze frei werden.

15. August

Du hast deinen eigenen Weg ...

16. August

Meist braucht dein Körper nicht mehr von allem,
sondern genau das Gegenteil.

17. August

In den Disziplinen, wo es keine Grenzen gibt,
solltest du dir auch keine setzen lassen.

18. August

Aufsteigende Ideen beleben das Leben
und lassen es bunter leuchten.

19. August

Deine Intuition weiß mehr und weist dir den Weg,
solange du ihr vertraust.

20. August

Wissen wir eigentlich, wie gut es uns geht?

21. August

Entscheidend ist,
dass sich am Ende alles zum Guten wendet!

22. August

Alles erleben und dabei alles geben.

23. August

Die Seelen erkennen sich gegenseitig,
auch wenn die Menschen blind sind.

24. August

Dich umzudrehen und zurückzublicken
eröffnet dir neue Sichtweisen für das, was war,
und das, was sein wird.

25. August

Lebensfreude und ein Lächeln im Gesicht erwärmen
dein Herz und lassen es strahlen.

26. August

Wenn die Hingabe siegt,
beginnt die wahre Vollkommenheit.

27. August
____

Die Sehnsucht zu kennen ist gut,
sie zu durchleben noch viel spannender.

28. August
____

Wenn die Welt sich dreht,
sollten wir uns mit ihr drehen.

29. August

Wenn alles funktionieren soll, funktioniert meist nichts.
Begründeterweise.

30. August

Eine gesellige Runde erfrischt deinen Geist
und eröffnet dir neue Gedanken.

Die Wahrheit liegt in deinem Herzen und nicht auf
deinen Lippen.

September

1. September

Alles, was uns ausmacht, wurde von uns ins Leben
gerufen, und somit gibt es kein ABER.

2. September

Immer wieder sind es die kleinen Details,
die den großen Unterschied ausmachen.

3. September

Wenn es in dir keinen Willen gibt,
findest du auch keinen Weg.

4. September

Probleme lösen sich am besten dort, wo sie entstehen.

5. September

Eine starke und kräftige Seele zeigt sich uns gern.

6. September

Jeder Tag bringt wichtiges Neues mit sich.

7. September

Eine richtige Einsamkeit gibt es nicht.

- 146 -

8. September

Ruhe kehrt nur dann ein,
wenn du sie willkommen heißt.

„Wer hätte das gedacht" zeugt von einer
voreingenommenen Sichtweise.
Denn so ziemlich alles ist möglich.

Greife nach den Sternen am Himmel
anstatt nach den Steinen am Boden.

11. September

Jeder von uns trägt Erinnerungen in sich, die wir nur
mit unserem eigenen Leben vergleichen können.

12. September

Sonnenaufgang und Sonnenuntergang
umschließen den Tag, der uns gehört.

13. September

Die Seele kennt deine Möglichkeiten, frag sie doch mal.

14. September

Auch wenn deine Augen dieselben bleiben,
so kann sich doch dein Blick ändern.

15. September

Die Reinheit lässt dich erstrahlen im Antlitz des Lebens.

16. September

Egal, wie klein oder groß deine Tat auch sein mag,
sie ist dennoch unerlässlich.

17. September

Deine Lebensgestaltung
liegt in deiner Eigenverantwortung.
Rechtfertigen musst du dich nur vor dir selbst.

18. September

Veränderst du deine Wörter, veränderst du die Welt.

19. September

Deine Seele träumt für dich deinen Traum.

20. September

Begeisterung kann nur in dir selbst
entstehen und gedeihen.

21. September

Die größte Macht gehört dem Ich.

- 153 -

22. September

Unterschiede kommen und gehen.

23. September

Wir sollten die Zeit erfinden,
dann können wir sie uns in Flaschen kaufen.

24. September

Jeder Gedanke setzt einen Anfang in Bewegung.

25. September

Enttäuschungen sind lästiger Ballast
auf dem Weg der Verbesserung.

26. September

Stress hat mehr als nur ein Gesicht.

27. September

Nenne „ihn" lieber Freund als Feind.

28. September

Die Tonleiter des Lebens hält für dich noch unendlich
viele neue Stücke bereit.

29. September

Wenn sich die Fragen auflösen und sich
die Antworten ausbreiten, dann bist du
ein gutes Stück weitergekommen.

30. September

Mach dein Gehirn frei, um wirklich leben zu können.

Oktober

1. Oktober

Tanken wir Kraft, indem wir uns zusammentun.

- 159 -

2. Oktober

Die Zeit schreit nach Aufbruch
und Veränderung und die Ersten hören ihr zu.

Was wir preisgeben, wird wiederverwendet.

- 160 -

4. Oktober

Die Fülle des Lebens ist direkt vor dir,
wenn du sie suchst.

Was wir preisgeben, wird wiederverwendet.

5. Oktober

Verweilen und Ruhen ist eine echte Herausforderung
für die Zeitlosen.

6. Oktober

Denken – nachdenken,
lassen in dir ganz andere Dinge entstehen.

7. Oktober

Minimalismus und Einfachheit tut uns außerhalb der
Gehirnregionen sehr gut.

8. Oktober

Nein sagen beinhaltet immer auch ein Ja.

Liebe macht schön.

Der Geist kann sich viel ausdenken, doch zugleich braucht er den Menschen, um es zu teilen.

Deine Routine hält das Rad lebendig.

- 164 -

Auch „verkreuzte" Wege führen nach Rom.

13. Oktober

Laut gehörte Stimmen sind besser als schweigende.

-165-

14. Oktober

Der fortschrittliche Geist folgt seiner Bestimmung.

15. Oktober

Ein Komma ist noch lange kein Punkt.

- 166 -

16. Oktober

Unerwartetes wartet auf dich,
wenn du es nicht erwartest.

Das, was wir nicht verstehen,
sollte uns am meisten zu denken geben.

Durchhalten über das Ziel hinaus, das ist Ausdauer.

19. Oktober

Wer glaubt, keine Freunde zu haben,
der schaue einmal genau in sein Leben hinein.

20. Oktober

Das Jahr verändert sich alle drei Monate und du?

Wenn es uns zu gut geht,
vergessen wir oft das Wesentliche.

Aufregung und Nervosität haben auch
ihre Berechtigung im Leben.

Wenn wir Treppen hinuntersteigen, können
wir uns besser auf gleicher Augenhöhe unterhalten.

Unsicherheit ist dann problematisch,
wenn sie durch eine andere Eigenschaft überdeckt wird.

25. Oktober

Altes neu zu überarbeiten, ist oft besser,
als es über Bord zu werfen.

26. Oktober

Dein Inneres sucht sich die Antworten
auf seine Berechtigung.

27. Oktober

Die Tage vergehen und wir lassen sie vorüberziehen.

28. Oktober

Offenheit bei uns Menschen macht viel aus
beim Versuch, uns untereinander zu verstehen.

29. Oktober

Neue Entdeckungen erweitern den Horizont
und lassen uns reifen.

30. Oktober

Das Reden wurde erfunden,
um sich selbst nicht zuhören zu müssen.

Geduld ist erlernbar.
Du musst dafür nur alles von dir abweisen.

November

1. November

Die Familie ist der Grundstein für all das,
was heranwächst, ganz egal, wie du „Familie" definierst.

2. November

Belangloses sollte belanglos bleiben
und nicht den Weg in die Welt nach draußen genießen.

Eines Tages wird der Preis in deinen Händen liegen
für all die Anstrengungen, die du getätigt hast.

Wenn der Tag anbricht, beginnt wieder alles bei null
und alles kann die Unendlichkeit erreichen.

5. November

Ein Satz kann zuweilen genug sein.

6. November

Die Tränen des Alltags
sind für die Seele eine reinigende Erlösung.

Wir sind alle Menschen
und wir könnten uns gegenseitig helfen.

Unser Körper ist mehr als eine Hülle, die uns umgibt,
er ist hundert Prozent wir selbst.

9. November

Unter Druck kommt nur das ans Tageslicht,
was sich ganz oben befindet, nicht aber der tiefere Sinn.

10. November

Keiner kann sagen,
das, was er will, gibt es für ihn nicht!

Sich etwas zu wünschen, ist sehr wünschenswert.

- 181 -

Hast du ein Lächeln für uns andere übrig?

Sich etwas zu wünschen, ist sehr wünschenswert.

13. November

Lassen wir überall dort Freude entstehen,
wo wir ihr am wenigsten begegnen.

14. November

Der Tod ist ein Schatten, der dich umgibt.
Habe keine Angst vor ihm, er kann nichts dafür.

15. November

Das Wissen verbirgt sich nicht in elektronischen
Details, sondern tief zwischen Fleisch und Blut.

16. November

Gott wird bei uns sein, wenn wir es wollen.

17. November

Im Stillstand bewegt sich meist nicht viel.

18. November

Wir können viel mehr, als wir sehen, viel mehr,
als wir erahnen, und viel mehr, als wir uns erträumen.

19. November

Das eigene Heim ist die Kraftquelle
aller folgenden Taten.

20. November

Auf dass die lebenden Herzen nicht verzweifeln.

21. November

Wenn wir dein Gesicht nicht erkennen können,
bringt uns das Unwohlsein.

22. November

Die Wärme und Zuwendung unter uns finden wir
dann, wenn wir uns mehr aufeinander zubewegen.

23. November

Die Zukunft startet in jedem Augenblick
und verändert uns, wenn wir beweglich bleiben.

24. November

Unsere Seele bewegt sich im Wind des Lebens
und lässt sich gerne von uns leiten.

25. November

Stopp! Dreh dich 180 Grad im Kreis
und erlebe das Leben in seiner vollen Pracht.

26. November

Die Launen des Lebens winken vergebens,
wenn wir uns einig sind.

27. November

Kreuzt ein dir noch unbekannter Mensch dein Leben,
übersieh ihn lieber nicht.

28. November

Wer nicht vor Ort ist, kann sich schwer eine Meinung
bilden, dennoch ist Liebe schöner als Hass.

29. November

Entkoppeln wir uns vom Muss,
entkoppeln wir uns auch von Druck und Stress.

30. November

Spezialisten haben aufgehört,
an der Oberfläche zu graben.

Dezember

1. Dezember

Alles, was du brauchst,
wartet schon darauf, abgeholt zu werden.

2. Dezember

Nur heute:
nur heute verbiege dich nicht
nur heute passe dich nicht an
nur heute folge deiner inneren Stimme

3. Dezember

Nichts tun und dabei Spaß haben!

-193-

4. Dezember

Jeder kann einen täglichen Beitrag
für ein besseres Leben leisten.

5. Dezember

Verfolge das, was dich im Inneren bewegt,
bis zum Schluss.

6. Dezember

Unsere Seele kehrt immer wieder zum Ursprung zurück.

7. Dezember

Der Körper:
das Instrument, mit dem wir unser Lied spielen dürfen.

8. Dezember

Ist die Umgebung rein,
so folgen die Gedanken dieser Reinheit.

Das Leben ist aufregend, wenn wir es nicht begrenzen.

Wann immer du ein Gewinner sein willst, bist du einer.

11. Dezember

Egal wie, du bist kostbar und dein Leben wertvoll.

12. Dezember

Wann immer es geht, steh dir nicht selbst im Weg.

Wir sind kompatibel mit dem, was uns ausmacht.

- 198 -

Alles, was du nicht kannst, kannst du.

15. Dezember

Stark ist, wer emotionale Ausbrüche regulieren kann.

16. Dezember

Deine Träume sind reale „anfassbare" Lebensabschnitte.

17. Dezember

Die wahre Vollkommenheit erscheint uns in der Natur.

18. Dezember

Sieh und deute die Zeichen,
die an deinem Wegesrand stehen.

19. Dezember

Die To-do-Liste unseres Lebens ist viel größer,
als wir heute erahnen können.

20. Dezember

Die Kreise des Lebens schließen sich immer wieder
und passen sich neu an.

21. Dezember

Besinnlichkeit gibt uns die Kraft, anzuerkennen,
was ist, und zu sehen, was sein kann.

22. Dezember

Gelassenheit, die nicht durch Gleichgültigkeit geprägt
ist, gibt uns innere Ruhe.

23. Dezember

Ruhe kehrt ein, wenn du eins bist mit deiner Seele.

24. Dezember

Die Quelle deines Reichtums bist du selbst.

Klarheit im Leben kommt uns allen zu Gute.

- 204 -

Dein Glaube ist der Ursprung der Unendlichkeit.

27. Dezember

Das Leben macht keine Pause, der Mensch leider schon.

28. Dezember

Das Alte neigt sich zu Ende
und das Neue wartet schon auf dich.

29. Dezember

Zuerst will ich alles geben,
erst dann kann ich alles nehmen.

30. Dezember

Folge deinem Weg, deiner inneren Stimme,
ganz egal, wie verrückt sie zu dir spricht.

Und wir, die wir diese Zeilen lesen, haben noch so viel mehr im Leben, was wir teilen könnten.

Die 365 Sätze entstanden, Tag für Tag, in einer Zeit,
die viel Neues für mich bereithielt.

Als die Stimme mich rief, bin ich ihr gefolgt, bis zu
diesem Buch. Nun folgst du ihr und trägst die Sätze
in dir, bis an ihr nächstes Ziel.

Über die Autorin

2015 trat ich meine Reise als Autorin an. Eine Reise und oft auch ein Abenteuer, bei dem ich nicht im Geringsten ahnte, wohin es mich führen wird.

Erst entstand ein Buch. Ganz naiv und einfach so habe ich es veröffentlicht. Dann folgte ein zweites und jetzt sind es über dreizehn Bücher, die ich herausgegeben habe. Und es werden noch mehrere Bücher kommen, denn das Schreiben lässt mich nicht los.

Ich träume davon, dass ich schreiben soll. Eine unsichtbare Hand schiebt mich immer dann nach vorn, wenn ich mal wieder eine Weile nicht geschrieben habe. Diese Hand ermahnt mich sanft, diesen Weg immer weiterzugehen, egal wohin er führen mag.

Daher, wir wissen nie, was das Leben mit uns vorhat, doch wenn wir uns darauf einlassen, dürfen wir oft Spannendes erleben.

Dank meiner Bücher kann ich dich heute auf vielen Ebenen inspirieren, ich kann meine Gedanken mit dir teilen und sie zugleich in die Welt tragen. So kann ich das leben, was mein Herz sich wünscht.

Heute begleiten mich die verschiedensten Menschen auf meinem Weg und du bist jetzt einer davon. Denn durch die Zeilen in meinen Büchern sind wir verbunden. Die Worte sprechen zu dir, so als wenn ich sie dir direkt erzählt hätte.

Egal wo ich lebe und noch leben werde, das Schreiben wird etwas sein, was ich überallhin mitnehme. Es wird mich wohl bis ans Ende meiner Tage begleiten. Und das ist gut so, denn so inspiriere ich Menschen nicht nur zum Lesen, nein, viele Menschen habe ich auch dazu inspirieren können, ihr eigenes Buch zu schreiben. Du musst wissen, sein eigenes Buch zu schreiben, das ist ein ganz besonderer Prozess und zugleich eine sehr schöne Erfahrung.

Daher, wir wissen nie, was das Leben noch alles mit uns vorhat!

For a better life
Bettina Gronow

Buchempfehlungen

Bettina Gronow

ON 365 DAYS

Dein Tagesbegleiter in englisch / deutsch.

Reach for the stars in the sky and not for the stones on the ground.

Bettina Gronow

EN 365 DÍAS

Dein Tagesbegleiter in spanisch / deutsch.

Alcanza las estrellas del cielo, en vez de las piedras del suelo.

Bettina Gronow

365 JOURS

Dein Tagesbegleiter in
französisch / deutsch.

Saisis les étoiles dans
le ciel au lieu de ramasser
les pierres au sol.

Bettina Gronow

365 TAGE LEBENSENERGIE

Dein Tagesbegleiter in
4 Sprachen.

Greife nach den Sternen
am Himmel anstatt nach
den Steinen am Boden.